Alim-un- Nisa
Kainat Abbas
Asma Saeed

Les merveilles du shilajit

AF144312

Alim-un- Nisa
Kainat Abbas
Asma Saeed

Les merveilles du shilajit

Un voyage dans les bienfaits de cette résine
ancienne

ScienciaScripts

Imprint
Any brand names and product names mentioned in this book are subject to trademark, brand or patent protection and are trademarks or registered trademarks of their respective holders. The use of brand names, product names, common names, trade names, product descriptions etc. even without a particular marking in this work is in no way to be construed to mean that such names may be regarded as unrestricted in respect of trademark and brand protection legislation and could thus be used by anyone.

Cover image: www.ingimage.com

This book is a translation from the original published under ISBN 978-620-5-63763-0.

Publisher:
Sciencia Scripts
is a trademark of
Dodo Books Indian Ocean Ltd. and OmniScriptum S.R.L publishing group

120 High Road, East Finchley, London, N2 9ED, United Kingdom
Str. Armeneasca 28/1, office 1, Chisinau MD-2012, Republic of Moldova, Europe
Printed at: see last page
ISBN: 978-620-7-39520-0

Les merveilles de Shilajit :

Un voyage dans les bienfaits de cette résine ancienne

TABLE DES MATIÈRES

Présentation du Shilajit

◆ Qu'est-ce que le Shilajit ?

Le mot "Shilajit" est sanskrit, et il est dérivé de deux mots : "**Shila,** qui signifie rocher, et **jit,** qui signifie conquis ou gagné. On peut donc traduire Shilajit par "conquérant des montagnes" ou "destructeur des faiblesses". D'**autres noms pour cette substance incluent Shilajeet, Silaras, ou Shilajatu. Le Shilajit est une exsudation brun pâle à brun noirâtre de consistance variable, exsudant des couches de roches dans les chaînes montagneuses de ce monde, en particulier les chaînes de l'Himalaya et de l'Hindu Kush du sous-continent indien.

Le shilajit ou **salajeet** est un produit minéral organique naturel d'origine biologique prédominante, formé dans les montagnes (dans les crevasses et les grottes). Le shilajit est une substance collante, semblable à du goudron, que l'on trouve dans les roches de l'Himalaya, de l'Altaï, du Caucase et d'autres chaînes de montagnes. Le shilajit n'est pas dérivé d'une plante, mais d'une substance organique-minérale complexe qui suinte des roches des régions montagneuses. La formation du Shilajit est le résultat de la décomposition de matières végétales et microbiennes au cours des siècles. Le Shilagit est utilisé dans la médecine traditionnelle ayurvédique depuis des siècles et on lui attribue divers bienfaits pour la santé. Il est souvent consommé comme complément alimentaire et est riche en minéraux et autres composés organiques.

Figure n° 1 : Cette image montre le morceau de Shilajit.

◆ Origine du Shilajit :

Différents points de vue sont exprimés quant à l'origine du shilajit. On dit qu'il s'est formé à la suite de la décomposition de roches pétrolières par des microbes. Les premières théories (pré-scientifiques) suggèrent que la composition inorganique du shilajit (or, argent, cuivre et fer) et sa genèse dans les montagnes.

À la fin des années 1900, on pensait que le shilajit provenait des excréments de rongeurs sur les rochers et des déchets d'animaux, tels que les chauves-souris.

Les théories modernes affirment que le shilajit est une plante et qu'il s'agit très probablement de sous-produits fossilisés de restes de plantes qui ont subi une transformation sous la pression des roches.

Figure n° 2 : Cette image montre le Shilajit dans les montagnes.

◆ Noms indigènes et classification botanique du Shilajit :

Noms indigènes et classification botanique	
Nom anglais	Asphalte noir, cire minérale et poix minérale
Nom népalais	Kalo Shilajita
Noms sanskrits	Shailobhava, Shaileya, Girijaatu, Shaila, Shailadhatuja, Adrija, Shilasweda, Shilamaya, Shila Niryasa, Gaireya et Ashma Laksha.
Nom bengali	Silajatu
Noms locaux	Baragshun, Barahshin, Dorobi et Shargai
Nom persan	Mumiya
Nom en malayalam	Kanmada
Nom botanique	Bitume Minéral

♦ **Histoire du Shilajit :**

L'histoire du Shilajit remonte à des milliers d'années, son utilisation étant profondément ancrée dans la médecine traditionnelle et les pratiques culturelles. Voici un aperçu de l'évolution historique du Shilajit :

• **Textes ayurvédiques anciens :**

Le shilajit fait partie de la médecine ayurvédique depuis plus de 2 000 ans. Il est mentionné dans des textes anciens tels que la Charaka Samhita et la Sushruta Samhita. Ces textes décrivent le Shilajit comme une substance capable d'améliorer la résistance physique et mentale, de promouvoir la longévité et de rajeunir le corps.

• **Croyances culturelles et utilisations traditionnelles :**

Le shilajit revêt une importance culturelle dans diverses régions, notamment en Inde, au Tibet, en Asie centrale et au Moyen-Orient. Il est traditionnellement considéré comme une substance puissante qui favorise la santé générale, la vitalité et la force. Différentes cultures ont intégré le Shilajit dans leurs pratiques de guérison traditionnelles.

• **Rasayana ayurvédique :**

Dans l'Ayurveda, le Shilajit est classé parmi les Rasayana, une catégorie de substances considérées comme rajeunissantes et favorisant la longévité. On lui attribue des propriétés adaptogènes, qui aident l'organisme à s'adapter au stress et à maintenir l'équilibre.

• **Anecdotes historiques :**

Des textes historiques et des anecdotes mentionnent l'utilisation du Shilajit par divers dirigeants et élites dans différentes cultures. Il était parfois considéré comme une substance rare et précieuse, réservée aux détenteurs du pouvoir ou à ceux qui recherchaient une vitalité accrue.

• **Collecte et récolte :**

Traditionnellement, le Shilajit est recueilli sur des rochers dans les régions montagneuses. Le processus de collecte consiste à recueillir la substance résineuse qui suinte des rochers pendant les mois les plus chauds. Elle est ensuite purifiée et traitée pour diverses utilisations médicinales.

• **Intérêt scientifique moderne :**

Si l'utilisation traditionnelle du Shilajit remonte à loin, la recherche scientifique moderne sur ses propriétés a débuté au 20e siècle. Les chercheurs ont étudié sa composition chimique, ses effets bénéfiques potentiels sur la santé et son innocuité. Certaines études suggèrent des propriétés antioxydantes et anti-inflammatoires, mais des recherches supplémentaires sont nécessaires pour obtenir des preuves concluantes.

L'histoire du shilajit est intimement liée aux pratiques culturelles et médicinales des régions où il est présent. Son utilisation durable au cours des millénaires reflète la valeur perçue de cette substance naturelle dans la promotion de la santé et du bien-être.

♦ **Types de Shilajit :**

Il existe différents types de shilajit, et les variations peuvent être attribuées à des facteurs tels que la situation géographique, les roches spécifiques dont il est extrait et les conditions dans lesquelles il est récolté. Voici quelques types de shilajit :

- **Minéraux à teneur en or (Charka Samhita Shilajit) :**
Le shilajit qui suinte de ces rochers est de couleur rouge-violet et possède Madhura, Tikta Rasa et Katu Vipaka. Le shilajit ressemble à une fleur d'hibiscus.

- **Roches à teneur en argent (Rajat Shilajit) :**
De couleur blanche, avec un Katu Rasa et un Madhura Vipaka, sont les shilajit qui émergent de ces roches.

- **Roches contenant du cuivre (appelées Tamra Shilajit) :**

Ces roches exsudent un liquide bleu-violet qui ressemble à la gorge d'un paon et présente Tikta Rasa et Katu Vipaka.
- **Minéraux contenant du fer (Lauha Shilajit) :**
Considérée comme la meilleure variété, l'exsudation décrit Tikta et Lavana Rasa et ressemble à la gomme Guggulu (Commiphora mukul).
- **Shilajit de l'Himalaya :**
Ce type d'eau provient de la chaîne de montagnes de l'Himalaya et est peut-être le plus connu. On le trouve dans des pays comme l'Inde, le Népal, le Bhoutan et le Tibet.
- **Shilajit de l'Altaï :**
L'Altaï est une autre chaîne de montagnes où l'on trouve du shilajit, et le shilajit de cette région peut avoir une composition unique.
- **Shilajit caucasien :**
Le shilajit provenant de la chaîne de montagnes du Caucase est moins connu, mais il est également disponible.
- **Shilajit afghan :**
L'Afghanistan est une autre région où le shilajit est récolté.
- **Dabur Shilajit :**
Dabur est une marque bien connue qui vend des produits à base de shilajit. Bien que la source ne soit pas toujours précisée, le produit est souvent une forme transformée de shilajit.

Il est important de noter que la qualité et la composition du shilajit peuvent varier en fonction de sa source et de ses méthodes de traitement. L'authenticité et la pureté sont cruciales lors de l'achat de suppléments de shilajit, car le marché peut parfois être inondé de produits de mauvaise qualité ou falsifiés. Si vous envisagez d'utiliser le shilajit, il est recommandé de l'acheter auprès de sources réputées et, si possible, de consulter un professionnel de la santé ou un praticien ayurvédique pour obtenir des conseils.

♦ Dissémination géographique du Shilajit :

Le shilajit se trouve principalement dans les régions montagneuses du monde, sa diffusion géographique s'étendant sur plusieurs chaînes de montagnes. La substance est notamment présente dans l'Himalaya, où elle provient de roches situées à haute altitude. Les montagnes de l'Altaï, situées en Asie centrale et orientale, sont une autre région importante où l'on trouve du shilajit. On la trouve également dans les montagnes du Caucase et dans d'autres régions montagneuses caractérisées par des formations rocheuses. Les conditions géologiques uniques de ces régions contribuent à la formation du Shilajit, une substance résineuse qui suinte des roches à la suite de la décomposition de matières végétales et microbiennes sur de longues périodes. L'utilisation historique du Shilajit dans la médecine traditionnelle est étroitement liée à ses origines géologiques, car les cultures de ces régions montagneuses l'ont vénéré pour ses prétendues propriétés bénéfiques pour la santé. La diffusion du shilajit dans diverses chaînes de montagnes met en évidence son lien avec des environnements géologiques spécifiques, où il est apprécié depuis des siècles dans le cadre de diverses pratiques culturelles et médicinales.

Figure n° 3 : Cette image montre le Shilajit dans les montagnes.

♦ **Propriétés du Shilajit:**Voici les caractéristiques du Shilajit :
o Il pourrait servir d'anti-inflammatoire.
o Il pourrait posséder des qualités antioxydantes.
o Il pourrait contenir des qualités qui améliorent la mémoire.
o Il pourrait avoir des vertus anti-Alzheimer.
o Il peut réduire le taux de sucre dans le sang et possède des qualités antiasthmatiques.
o Il pourrait posséder des propriétés anti-tumorales.
o Il pourrait avoir des qualités digestives, améliorer la santé du foie, des reins et du cœur, et aider à lutter contre les crises d'épilepsie.

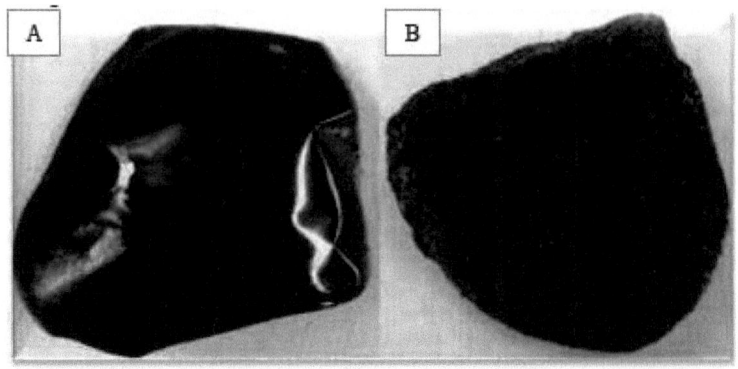

Figure No4 :(A) Cette image montre le Shilajit indien(B) Cette image montre le Shilajit pakistanais

♦ Propagation du Shilajit :

Le shilajit est une substance naturelle qui se forme dans les roches des régions montagneuses et qui ne se propage pas comme le font les plantes ou les organismes vivants. Il résulte de la décomposition de matières végétales et microbiennes sur de longues périodes, et il suinte des roches pendant les mois les plus chauds.

La collecte du Shilajit consiste à récolter la substance résineuse sur les rochers des régions montagneuses. Il n'y a pas de culture ou de propagation du Shilajit au sens traditionnel du terme, car il ne s'agit pas d'un organisme vivant dont le cycle de vie peut être géré ou cultivé.

La méthode traditionnelle de collecte du Shilajit consiste à recueillir la résine telle qu'elle s'échappe naturellement des roches. Ce procédé est généralement utilisé dans les régions où l'on trouve le Shilajit, comme l'Himalaya, l'Altaï, le Caucase et d'autres chaînes de montagnes.

Il est important de noter que la collecte et l'utilisation du Shilajit doivent se faire de manière responsable et durable afin de préserver l'environnement naturel et d'assurer la disponibilité continue de cette substance. Si vous souhaitez utiliser le Shilajit, il est recommandé de s'approvisionner auprès de fournisseurs réputés qui adhèrent à des pratiques de récolte éthiques et durables.

♦ Produits Shilajit :

Lors de ma dernière mise à jour des connaissances en janvier 2022, plusieurs produits à base de shilajit étaient disponibles sur le marché, chacun étant commercialisé par des marques différentes. N'oubliez pas que la disponibilité et la formulation des produits peuvent changer et que de nouveaux produits peuvent avoir été introduits depuis ma dernière mise à jour. Voici quelques exemples de produits à base de shilajit :

Sr #	Marque	Formulaire du poste	A propos de cet article	Image
1	Hima Shilajatu	Gel	Shilajit Purest Himalayan Shilajit Resin - Gold Grade 100% Pure Shilajit with Fulvic Acid & 85+ Trace Minerals Complex for Energy & Immune Support, 30 Grammes	
2	Blisque	Résine	Blisque - Pure Himalayan Organic Shilajit Resin Supplement | Authentic and Natural | Golden Grade A | Contains Fulvic Acid and Trace Minerals | 60 Grammes	

3	Sennasi	Gel	Shilajit Pure Himalayan Organic Shilajit Resin - 600mg Maximum Potency Natural Organic Shilajit Resin with 85+ Trace Minerals & Fulvic Acid for Energy, Immune Support, 30 Grammes	
4	aSquared Nutrition	Capsule	aSquared Nutrition Shilajit 1000mg - 120 gélules - Supplément d'extrait de Shilajit pur et pilules de poudre complexe - Acides humiques et fulviques naturels et oligo-éléments - Alternative à la résine et aux gouttes	

5	Supplém ents Double Wood	Capsule	Shilajit Pure Himalayan Capsules (20% Fulvic Acid Supplement) 1,000mg d'extrait authentique de Shilajit par portion, 120 unités (riche en oligo-éléments, pas de remplissage, fabriqué aux USA) par Double Wood	
6	Guindila	Gel	800mg Shilajit Supplement - Shilajit Pure Himalayan Organic Shilajit Resin with Maximum Potency, Original from Himalayan with 85+ Trace Minerals & Fulvic Acid for Focus & Energy, Immunity, 30 Grammes	

7	CYMBI OTIKA	Gel	CYMBIOTIKA Pure Shilajit Resin with Elemental Gold, Fulvic Acid, 84+ Trace Minerals, Digestive & Immune Supplement to Support Focus & Energy, Overall Health, High Potency, Vegan, Non GMO, 15g Jar	
8	Shilajit	Capsule	Dabur Shilajit Ayurvedic Capsules - 30 gélules | Shilajit pur aux bienfaits anti-fatigue et anti-inflammatoires | Pour la vigueur et la force | Renforcement de l'immunité | Tonique de santé ayurvédique	

9	Elikadur	Capsule	2000 MG Shilajit Supplement, Shilajit Resin Organic, Shilajit Capsules, 100% Pure Shilajit with 85+ Trace Minerals & 60% Fulvic Acid, Boost Energy & Immunity, Vegetarian, Natural, 60 Capsules	
10	Kapiva	Résine	Kapiva Shilajit Gold Resin - 20g | Aide à stimuler l'endurance | Contient de l'or 24 carats | 100% Ayurvédique	
11	Nirvasa	Capsule	Nirvasa Shilajit Capsules (800 mg) avec Safed Musli, Ashwagandha & Kaunch Beej | Purest Shilajit - 60 Capsules Pack de 1	

12	Formen	Tablette	ForMen Shilajit Ashwagandha Tablets for Men | Renforce l'immunité, la force et l'endurance | Ayurvedic Stamina Booster Supplements For Men - 30 Tablets	
13	Soins audacieux	Résine	Bold Care Himalayan Shilajit Resin - 20 gm (20 gm (Pack de 1))	
14	HIMALAYAN ORGANICS	Liquide	Himalayan Organics 100% pur Shilajit/Shilajeet Resin pour booster la performance, la puissance, l'endurance, la force avec acide fulvique et 85+ oligo-éléments pour l'énergie, puissance maximale I - 20g	

15	RECHER CHE BIEN-ÊTRE	Capsule	Search Wellness Shilajit Gold-60 Capsules (Pack of 1) | Enrichi avec Ashwagandha, Gokshura, Swarna Bhasma	
16	UPAKA RMA	Semi-liquide	UPAKARMA Ayurveda | Premium Shilajit Gold Dust Resin 20g | 100% Ayurvedic | Pure and Natural Shilajeet | Aide à renforcer l'immunité, l'énergie, la force, l'endurance et la santé en général | Pack de 1	
17	UPAKA RMA	Résine de Shilajit avec Ashwag andha	UPAKARMA Pure Shilajit Resin with Ashwagandha 20g | Boost Strength & Build Muscle Mass Naturally | 100% Ayurvedic | Pack of 1	

18	UPAKA RMA	Pure SJ, myrtille et orange	UPAKARMA Ayurveda Shilajit Comprimés Effervescents Combo Pack de 3 Pour booster la performance, la puissance, la force et l'endurance avec du Shilajit Pur, Orange, et Arôme de Myrtille - Testé en Laboratoire	
19	svaa. vie	Tablette	svaa. life World's First 500 mg Shilajit/Shilajeet Effervescent 21 Comprimés avec Ashwagandha, Gokshuru, Saffron et Safed Musli | Pour la vitalité, l'endurance, la résistance, une peau éclatante (63 comprimés)	

20	nveda	Capsule	Nveda Shilajit Ayurvedic Capsules-60, Himalayan Shilajit for Stamina and Strength, Energy & Immunity Booster Shilajeet for Men and Women	
21	Soins audacieu x	Tablette	Bold Care Shilajit Comprimés effervescents pour un soutien naturel de l'endurance - 20 comprimés effervescents, paquet de 1	
22	PLIX - LA FIXATI ON DES PLANTE S	Tablette	PLIX -THE PLANT FIX 500mg Shilajit Effervescent - 15 Comprimés (Pack of 1) | Avec Safran & Safed Musli pour la Vitalité | 100% Vegan | Orange Flavored | Pour les Hommes	

♦ **Phytochimie du Shilajit :**

La phytochimie du shilajit est complexe et varie en fonction de la région géographique d'où il provient. Le shilajit est une substance résineuse qui se forme dans les roches des régions montagneuses et qui est composée d'un mélange de composés organiques et inorganiques.

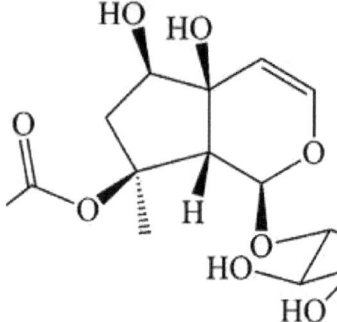

Figure n° 5 : Cette image montre la formule chimique du Shilajit.

Parmi les principaux éléments constitutifs, on peut citer

- **Acide fulvique :**

L'acide fulvique est un composant majeur du Shilajit et est connu pour ses propriétés antioxydantes. Il s'agit d'un type de substance humique qui se forme lors de la décomposition de la matière organique.

- **Minéraux :**

Le shilajit contient une série de minéraux, notamment du fer, du zinc, du cuivre, du manganèse et du magnésium. La composition minérale peut varier en fonction des conditions géologiques spécifiques de la région.

- **Dibenzo-Alpha-Pyrones (DBP) :**

Les DBP sont des composés organiques présents dans le Shilajit qui contribueraient à ses effets pharmacologiques. Ces composés ont été étudiés pour leurs propriétés antioxydantes et anti-inflammatoires potentielles.

- **Chromoprotéines de dibenzo-alpha-pyrone :**

Les chromoprotéines sont un autre groupe de composés trouvés dans le Shilajit qui contribuent à sa couleur et peuvent avoir des propriétés antioxydantes.

- **Humines et substances apparentées :**

Il s'agit de composés organiques complexes formés lors de la décomposition des matières végétales et microbiennes. Ils contribuent à la composition globale du Shilajit.

- **Acides aminés :**

Le shilajit contient divers acides aminés, les éléments constitutifs des protéines. La présence d'acides aminés contribue à son profil nutritionnel.

18

- **Composés phénoliques :**

Des composés phénoliques aux propriétés antioxydantes ont été identifiés dans le Shilajit, contribuant à ses bienfaits potentiels pour la santé.

- **Triterpènes et Diterpènes :**

Certaines études ont identifié des triterpènes et des diterpènes dans le Shilajit, qui sont des composés organiques ayant des activités biologiques potentielles.

- **Chromoprotéines :**

Les chromoprotéines sont des composés qui contribuent à la coloration du Shilajit. Ces substances sont susceptibles de contenir à la fois des composants protéiques et non protéiques.

Les recherches sur la phytochimie du shilajit se poursuivent et la composition exacte peut varier en fonction de facteurs tels que l'altitude, le climat et les caractéristiques géologiques spécifiques de la région. Bien que le Shilajit soit utilisé dans la médecine traditionnelle depuis des siècles, des études scientifiques supplémentaires sont nécessaires pour comprendre pleinement sa composition complexe et les mécanismes à l'origine de ses effets potentiels sur la santé.

- ♦ **Oligo-élément dans le Shilajit :**

La composition spécifique des oligo-éléments contenus dans le Shilajit peut varier en fonction de la situation géographique d'où il provient. Le Shilajit est connu pour contenir divers minéraux et oligo-éléments en raison de sa formation dans les roches et de la décomposition de matières végétales et microbiennes. Voici une **liste des oligo-éléments les plus courants que l'on trouve dans le Shilajit typique :**

1.	**Fer (Fe)**
2.	**Zinc (Zn)**
3.	**Cuivre (Cu)**
4.	**Manganèse (Mn)**
5.	**Magnésium (Mg)**
6.	**Calcium (Ca)**
7.	**Strontium (Sr)**
8.	**Baryum (Ba)**
9.	**Silicium (Si)**
10.	**Sodium (Na)**
11.	**Potassium(K)**
12.	**Chrome (Cr)**
13.	**Sélénium (Se)**
14.	**Cobalt (Co)**
15.	**Nickel (Ni)**
16.	**Molybdène (MO)**

17.	**Vanadium(V)**
18.	**Bore (B)**
19.	**Lithium (Li)**
20.	**Rubidium (Rb)**
21.	**Cadmium (Cd)**
22.	**Plomb (Pb)**
23.	**Mercure (Hg)**
24.	**Arsenic (As)**
25.	**Aluminium (Al)**

Il est important de noter que la concentration de ces oligo-éléments peut varier en fonction de facteurs tels que l'altitude, le climat et les conditions géologiques spécifiques de la région d'où provient le Shilajit. En outre, les méthodes de traitement utilisées pour préparer les produits à base de Shilajit, tels que les poudres ou les extraits, peuvent également influencer la concentration des oligo-éléments.

Bien que le Shilajit soit souvent apprécié pour sa teneur en minéraux, il est essentiel d'être prudent quant aux niveaux de certains éléments, en particulier les métaux lourds. Les mesures de contrôle de la qualité et l'approvisionnement en Shilajit auprès de fournisseurs réputés qui respectent les normes de sécurité et de pureté sont des considérations importantes pour ceux qui utilisent le Shilajit comme complément alimentaire. Les tests analytiques effectués sur les produits à base de Shilajit peuvent fournir des informations sur leur teneur en minéraux et en oligo-éléments.

♦ **Formule chimique et empirique du Shilajit :**

Pour être honnête, le Shilajit n'a pas actuellement de formule chimique standard. Il est difficile de trouver une équation universelle parce que chaque endroit a une composition minérale légèrement différente. Sans compter que personne ne peut vous donner la formule chimique de l'acide fulvique lui-même, ce qui rend pratiquement difficile la prise de la partie acide fulvique du Shilajit !

Bien que cela puisse être le cas pour la formule chimique, R. G. Yusupov a proposé une formule empirique fondamentale en 1979.

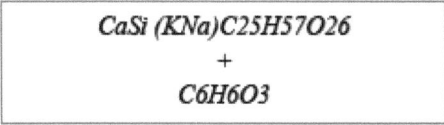

$$CaSi\,(KNa)C25H57O26$$
$$+$$
$$C6H6O3$$

♦ **Propriétés physiques du Shilajit :**

Le shilajit est une substance résineuse complexe aux propriétés physiques uniques. Son aspect, sa texture et ses autres caractéristiques peuvent varier en fonction de sa source et de son traitement. Voici quelques-unes des principales propriétés physiques du Shilajit :

- **Apparence :**

Le shilajit a généralement une couleur sombre, allant du brun au noir. Son aspect peut varier d'une texture brillante à une finition plus mate.

Figure n°6 : Cette image montre l'apparence du Shilajit.

- **Texture :**

La texture du Shilajit est collante et ressemble à du goudron. Elle est souple et flexible lorsqu'elle est chaude, mais peut devenir dure et cassante à des températures plus basses.

- **Solubilité :**

Le shilajit est partiellement soluble dans l'eau et se dissout plus facilement dans l'eau chaude que dans l'eau froide. Il se dissout plus facilement dans l'eau chaude que dans l'eau froide, mais il est plus soluble dans les solvants organiques comme l'éthanol.

- **Odeur et goût :**

Le shilajit a un goût caractéristique de terre et légèrement amer. Son odeur peut être forte et présenter un arôme piquant et résineux.

- **Densité :**

La densité du Shilajit peut varier, mais elle est généralement dense en raison de sa teneur en minéraux. Sa densité dépend de la concentration en minéraux et en composés organiques.

- **Sensibilité à la température :**

Le shilajit est sensible à la température. Il se ramollit et devient plus souple lorsqu'il est exposé à la chaleur, tandis que les températures plus froides peuvent le faire durcir et le rendre plus cassant.

- **Nature hygroscopique :**

Le shilajit est hygroscopique, ce qui signifie qu'il a la capacité d'absorber l'humidité de l'air. Cette propriété peut affecter sa consistance et sa texture au fil du temps.

- ○ **Test de flamme :**

Lorsqu'un petit morceau de Shilajit est chauffé avec une flamme, il peut produire un crépitement caractéristique, connu sous le nom de "claquement de Shilajit". Ce phénomène est parfois utilisé comme test informel de l'authenticité du Shilajit.

Il est important de noter que les propriétés physiques du Shilajit peuvent être influencées par divers facteurs, notamment son origine géographique, les roches et minéraux spécifiques qui entrent dans sa composition et les méthodes de traitement utilisées. Le Shilajit est souvent transformé en différentes formes pour la consommation, telles que des poudres, des gélules ou des extraits, ce qui peut également affecter son apparence et sa texture. Lors de l'achat de produits à base de Shilajit, il est conseillé de s'approvisionner auprès de fournisseurs réputés afin de garantir l'authenticité et la qualité du produit.

Shilajit : Utilisations, importance et bienfaits

♦ **Utilisations du Shilajit :**

Le shilajit est utilisé depuis des siècles dans la médecine traditionnelle, en particulier dans l'Ayurveda, en raison des bienfaits qu'il est censé apporter à la santé. Bien que ses utilisations traditionnelles soient diverses, il est important de noter que la recherche scientifique sur le shilajit est en cours et que des preuves supplémentaires sont nécessaires pour valider pleinement toutes ses utilisations potentielles.

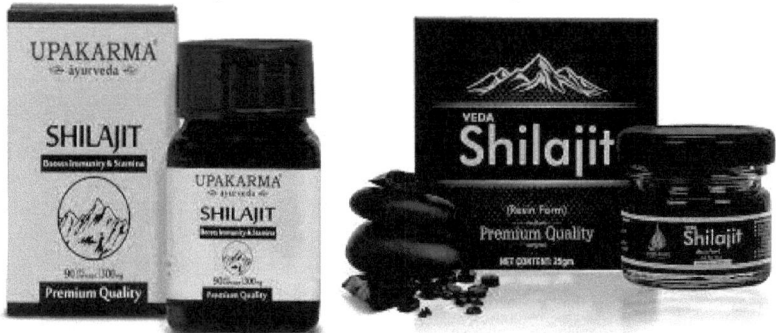

Figure n°7 : Cette image montre les différents types de Shilajit.

Parmi les utilisations rapportées et les bénéfices potentiels du Shilajit, on peut citer

o **Énergie et endurance :**

Le shilajit est traditionnellement réputé pour améliorer les niveaux d'énergie et la résistance physique. Il est souvent utilisé comme remède naturel pour lutter contre la fatigue et favoriser la vitalité générale.

o **Fonction cognitive :**

Parmi les utilisations traditionnelles du Shilajit, on peut citer son rôle dans le soutien des fonctions cognitives et de la clarté mentale. On lui prête des propriétés adaptogènes, qui aident l'organisme à s'adapter au stress, ce qui peut avoir un impact positif sur le bien-être mental.

o **Propriétés anti-âge :**

Le shilajit est parfois associé à des effets anti-âge. Il favoriserait la longévité et la vitalité, et ses propriétés antioxydantes pourraient contribuer à protéger les cellules du stress oxydatif.

o **Soutien du système immunitaire :**

L'utilisation traditionnelle suggère que le Shilajit peut avoir des effets immuno-modulateurs, soutenant les défenses naturelles de l'organisme contre les infections et les maladies.

- o **Inflammation et arthrite :**

Certaines études suggèrent que le Shilajit pourrait avoir des propriétés anti-inflammatoires, ce qui pourrait être bénéfique pour les conditions impliquant une inflammation, comme l'arthrite.

- o **Activité antioxydante :**

Le shilajit est riche en acide fulvique et autres composés aux propriétés antioxydantes. Les antioxydants aident à neutraliser les radicaux libres dans le corps, ce qui peut contribuer à la santé et au bien-être général.

- o **Santé reproductive masculine :**

Dans l'usage traditionnel, le Shilajit est souvent associé à la santé reproductive masculine. Certaines études suggèrent des bénéfices potentiels pour la fertilité masculine, les niveaux de testostérone et la fonction reproductive. Les acides fulviques jouent un rôle crucial dans la santé reproductive masculine, notamment dans la production de spermatozoïdes et la fonction sexuelle en général. On pense que la présence d'acide fulvique dans le shilajit améliore l'absorption des nutriments, ce qui pourrait favoriser l'apport de nutriments essentiels aux organes reproducteurs. En outre, les propriétés antioxydantes du shilajit peuvent contribuer à protéger les spermatozoïdes du stress oxydatif, qui peut avoir un impact négatif sur la fertilité. Bien que des recherches supplémentaires, en particulier des essais cliniques bien conçus, soient nécessaires pour confirmer ces avantages potentiels et élucider les mécanismes spécifiques, le shilajit est un complément naturel prometteur pour soutenir la santé reproductive masculine. Comme pour toute intervention dans le domaine de la santé, il est recommandé de consulter un professionnel de la santé avant d'intégrer le shilajit dans sa routine, en particulier si l'on a des problèmes de santé sous-jacents ou si l'on suit des traitements de fertilité.

- o **Le Shilajit aide à contrôler les niveaux de sucre dans le sang :**

Des recherches préliminaires indiquent que le Shilajit pourrait jouer un rôle dans la régulation du taux de sucre dans le sang, ce qui pourrait être bénéfique pour les personnes atteintes de diabète. Le shilajit a été étudié pour son rôle potentiel dans la régulation de la glycémie, en particulier dans le contexte du diabète. Cette substance résineuse, originaire des régions montagneuses, contient un riche éventail de minéraux, d'acides fulviques et d'autres composés bioactifs qui pourraient contribuer à ses effets thérapeutiques. L'un des mécanismes proposés est son impact sur le métabolisme du glucose et la sensibilité à l'insuline. L'acide fulvique, un composant clé du shilajit, a été suggéré pour améliorer l'absorption du glucose par les cellules, ce qui pourrait améliorer la sensibilité à l'insuline.

En outre, le shilajit peut influencer des enzymes clés impliquées dans la régulation du taux de sucre dans le sang. Certaines études, principalement menées sur des animaux, ont indiqué que la supplémentation en shilajit pouvait entraîner une réduction du taux de glucose dans le sang. Ces résultats suggèrent un rôle potentiel du shilajit dans la gestion du diabète.

Cependant, il est essentiel de noter que des essais cliniques humains plus solides et bien contrôlés sont nécessaires pour établir de manière concluante l'efficacité et la sécurité du shilajit pour le contrôle de la glycémie. Les personnes atteintes de diabète doivent faire preuve de prudence et consulter des professionnels de la santé avant d'envisager une supplémentation en shilajit dans le cadre de leur plan de gestion du diabète. L'inclusion du shilajit ou de tout autre supplément doit être envisagée en tenant compte de l'état de santé général de la personne, de sa réaction individuelle et en consultant des professionnels de la santé qualifiés.

o **Cicatrisation des plaies :**

Les utilisations traditionnelles du Shilajit comprennent son application sur les plaies pour faciliter le processus de guérison. On lui attribue des propriétés régénératrices qui peuvent favoriser la réparation des tissus.

Il est important de faire preuve de prudence et de consulter un professionnel de la santé avant d'utiliser le Shilajit, en particulier si vous avez des problèmes de santé ou si vous prenez des médicaments. En outre, la qualité et l'authenticité des produits à base de Shilajit pouvant varier, il est conseillé de s'approvisionner auprès de sources réputées.

Figure n°8 : Cette image montre les utilisations du Shilajit

♦ **Utilisations médicinales du Shilajit :**

Le shilajit est utilisé dans la médecine traditionnelle, en particulier dans l'Ayurveda, à diverses fins médicinales. Bien que ses utilisations traditionnelles soient diverses, il est important de noter que la recherche scientifique sur le Shilajit est en cours et que des preuves supplémentaires sont nécessaires pour valider pleinement ses applications médicinales potentielles. Parmi les utilisations médicinales rapportées du Shilajit, on peut citer

o **Utilisation de Shilajit pour l'anémie :**

Bien que le Shilajit soit traditionnellement utilisé dans certains systèmes de médecine traditionnelle à diverses fins de santé, notamment pour favoriser la vitalité et le bien-être en général, il existe peu de preuves scientifiques étayant spécifiquement son utilisation contre l'anémie.

L'anémie est une affection caractérisée par une carence en globules rouges ou en hémoglobine, entraînant une réduction de la capacité de transport de l'oxygène dans le sang. Le traitement principal de l'anémie consiste généralement à s'attaquer à la cause sous-jacente, qui peut inclure des carences nutritionnelles, des maladies chroniques ou d'autres facteurs affectant la production ou la durée de vie des globules rouges.

Le shilajit contient divers minéraux, dont le fer, qui est un élément essentiel à la synthèse de l'hémoglobine. La carence en fer est une cause fréquente de certains types d'anémie, et l'augmentation de l'apport en fer est une approche standard dans la gestion de l'anémie ferriprive. Cependant, la teneur en fer du Shilajit peut ne pas être suffisante ou facilement absorbable pour traiter l'anémie par rapport aux suppléments de fer conventionnels ou aux sources alimentaires de fer.

Si une personne présente des symptômes d'anémie ou soupçonne une carence en fer, il est important de consulter un professionnel de la santé pour obtenir un diagnostic et un traitement appropriés. Les professionnels de santé peuvent recommander des suppléments de fer ou des changements de régime alimentaire en fonction du type et de la cause de l'anémie.

Bien que le Shilajit soit généralement considéré comme sûr pour la plupart des gens lorsqu'il est utilisé avec modération, son utilisation pour des conditions médicales spécifiques doit être abordée avec prudence et il convient de demander l'avis d'un professionnel de la santé. En outre, les femmes enceintes, les personnes souffrant de certaines maladies ou prenant des médicaments devraient consulter un professionnel de la santé avant d'utiliser tout supplément, y compris le Shilajit.

o **Utilisation du Shilajit pour la fatigue musculaire :**

Le shilajit, une résine naturelle dérivée des régions montagneuses, a attiré l'attention pour son rôle potentiel dans le traitement de la fatigue musculaire. Traditionnellement utilisé dans la médecine ayurvédique, le shilajit est censé posséder des propriétés adaptogènes susceptibles d'améliorer la capacité de l'organisme à faire face au stress, y compris à l'effort physique. La richesse en minéraux, dont l'acide fulvique, contribue aux bienfaits réputés du shilajit sur l'énergie et l'endurance générales. Les athlètes et les amateurs de fitness ont exploré son utilisation en tant que complément naturel pour lutter contre la fatigue musculaire et améliorer la récupération après l'exercice. Bien que la recherche scientifique sur les effets du Shilajit sur la fatigue musculaire soit encore en évolution, certaines études suggèrent que ses propriétés antioxydantes pourraient jouer un rôle dans la réduction du stress oxydatif induit par l'exercice. En outre, le potentiel du Shilajit à optimiser la fonction mitochondriale, les unités de production d'énergie dans les cellules, a été étudié pour son impact sur l'endurance et la performance musculaire. Malgré ces aspects prometteurs, il est essentiel que les individus abordent l'utilisation du Shilajit pour la fatigue musculaire avec prudence, en demandant conseil à des professionnels de la santé pour s'assurer de son adéquation avec les besoins individuels et la santé en général.

o Utilisations du Shilajit pour le cœur :

Le shilajit, une substance résineuse dérivée des roches des régions montagneuses, a attiré l'attention pour ses effets bénéfiques potentiels sur le système cardiovasculaire. Bien que la recherche scientifique soit en cours, les utilisations traditionnelles et les études préliminaires suggèrent que le Shilajit pourrait avoir un impact positif sur la santé cardiaque. La présence d'acide fulvique, un composant clé du shilajit, aurait des propriétés antioxydantes qui pourraient protéger le cœur du stress oxydatif, un facteur associé aux maladies cardiovasculaires. Le shilajit contribuerait également à la régulation de la pression artérielle et du taux de cholestérol, des facteurs clés pour le maintien de la santé cardiovasculaire. En outre, ses effets anti-inflammatoires potentiels pourraient jouer un rôle dans la réduction de l'inflammation dans le système cardiovasculaire. Comme tout supplément, il est essentiel de l'utiliser avec prudence et sous la supervision d'un professionnel de la santé, en particulier pour les personnes souffrant de problèmes cardiaques ou prenant des médicaments. Bien que le Shilajit soit prometteur dans la promotion de la santé cardiaque, des recherches plus rigoureuses sont nécessaires pour comprendre pleinement ses mécanismes et établir des recommandations définitives.

o Utilisation du Shilajit pour les cheveux :

Le shilajit, une résine naturelle formée dans les régions montagneuses, a attiré l'attention pour ses bienfaits potentiels sur la santé des cheveux. Riche en minéraux, en acide fulvique et en autres composés bioactifs, le shilajit est traditionnellement considéré comme nourrissant le cuir chevelu et les follicules pileux. Sa teneur en minéraux, dont le fer, le zinc et le manganèse, peut contribuer au maintien d'une croissance saine des cheveux. L'acide fulvique, un composant clé, est connu pour ses propriétés antioxydantes, protégeant potentiellement les follicules pileux du stress oxydatif. Certaines utilisations traditionnelles du Shilajit impliquent son application topique sur le cuir chevelu pour renforcer les cheveux et prévenir leur chute. En outre, ses effets anti-inflammatoires supposés peuvent aider à traiter des problèmes tels que les pellicules et l'irritation du cuir chevelu. Bien que le Shilajit soit prometteur pour la santé des cheveux, la recherche scientifique sur ses effets spécifiques sur les cheveux est encore en cours d'élaboration. Les personnes qui envisagent d'utiliser le Shilajit pour le soin de leurs cheveux doivent le faire avec prudence et envisager de consulter un professionnel de la santé ou du soin des cheveux pour obtenir des conseils personnalisés.

o Utilisation du Shilajit pour les ulcères :

Le shilajit, une substance résineuse naturelle provenant des régions montagneuses, est traditionnellement utilisé pour ses bienfaits potentiels sur la santé, et il existe des preuves préliminaires suggérant son utilisation pour traiter certains problèmes digestifs, y compris les ulcères. La composition du Shilajit comprend de l'acide fulvique, connu pour ses propriétés anti-inflammatoires et antioxydantes. Ces propriétés peuvent contribuer à la capacité potentielle de la substance à apaiser et à protéger la muqueuse de l'estomac et des intestins. En outre, on prête au shilajit des qualités adaptogènes, qui aident l'organisme à s'adapter aux facteurs de stress, ce qui peut être bénéfique dans le contexte de la guérison des ulcères. Certaines pratiques de médecine traditionnelle ont utilisé le shilajit pour ses effets gastroprotecteurs présumés. Cependant, il est essentiel d'aborder l'utilisation du Shilajit pour les ulcères avec prudence et de consulter un professionnel de la santé. Les ulcères sont des affections graves qui peuvent nécessiter des traitements médicaux spécifiques, et il n'est pas toujours judicieux de se fier uniquement à des remèdes naturels sans l'avis d'un professionnel de la santé. Des recherches scientifiques plus approfondies sont nécessaires pour établir l'efficacité et la sécurité du Shilajit dans la gestion des ulcères.

- **Énergie et vitalité :**

Le shilajit est traditionnellement considéré comme un adaptogène, qui aide l'organisme à s'adapter au stress et à la fatigue. Il est utilisé pour améliorer les niveaux d'énergie, combattre la fatigue et promouvoir la vitalité générale.

- **Utilisation de Shilajit pour le diabète :**

Le shilajit, un exsudat résineux que l'on trouve dans les régions montagneuses, a été étudié pour ses bienfaits potentiels dans la gestion du diabète. Bien que la recherche en soit encore à ses débuts, certaines études suggèrent que le shilajit pourrait avoir des effets positifs sur les paramètres liés au diabète. Le shilajit contient de l'acide fulvique, qui favoriserait l'absorption du glucose par les cellules et améliorerait la sensibilité à l'insuline. En outre, il pourrait contribuer à réguler la glycémie en influençant des enzymes clés impliquées dans le métabolisme du glucose. Certaines études menées sur des animaux ont donné des résultats prometteurs, indiquant que la supplémentation en shilajit peut entraîner une réduction de la glycémie. Toutefois, des essais cliniques plus rigoureux sur des sujets humains sont nécessaires pour confirmer ces résultats et établir la sécurité et l'efficacité du shilajit en tant qu'approche complémentaire dans la gestion du diabète. Les personnes atteintes de diabète devraient consulter des professionnels de la santé avant d'incorporer le shilajit ou tout autre supplément dans leur plan de traitement.

- **Shilajit Meilleur pour les douleurs osseuses et articulaires :**

Certaines études suggèrent que le shilajit peut contribuer à réduire l'inflammation des articulations, soulageant ainsi les personnes souffrant de maladies telles que l'arthrite. Les minéraux contenus dans le shilajit, notamment le calcium et le magnésium, sont essentiels à la santé des os et peuvent contribuer à maintenir des os solides et résistants. En outre, l'acide fulvique contenu dans le shilajit peut favoriser l'absorption de ces minéraux. Bien que des recherches supplémentaires, en particulier des essais cliniques sur l'homme, soient nécessaires pour établir les mécanismes spécifiques et l'efficacité du shilajit pour la santé des os et des articulations, des preuves préliminaires indiquent son potentiel en tant que supplément naturel à considérer pour ceux qui cherchent un soutien dans la gestion de l'inconfort musculo-squelettique. Comme pour tout complément de santé, les individus devraient consulter des professionnels de la santé avant d'incorporer le shilajit dans leur routine de bien-être, en particulier s'ils ont des conditions médicales préexistantes ou s'ils prennent d'autres médicaments.

- **Anti-anxiété et réduction du stress :**

Le shilajit est parfois utilisé pour atténuer le stress et l'anxiété. Ses propriétés adaptogènes peuvent contribuer à un sentiment de calme et de bien-être.

o **Santé des os :**

Certaines études suggèrent que le Shilajit peut avoir des effets positifs sur la santé des os, en influençant potentiellement la densité minérale osseuse et la solidité.

Il est essentiel d'aborder l'utilisation du Shilajit avec prudence et de consulter un professionnel de la santé, en particulier si vous avez des problèmes de santé ou si vous prenez des médicaments. En outre, la qualité et l'authenticité des produits à base de Shilajit pouvant varier, il est conseillé de s'approvisionner auprès de sources réputées.

o **Dans quel délai le shilajit peut-il aider à traiter l'acné ?**

Lors de ma dernière mise à jour des connaissances en janvier 2022, il n'existait pas de preuves scientifiques solides permettant de déterminer dans quel délai le shilajit peut aider à traiter l'acné. Le shilajit est une substance naturelle censée avoir des effets bénéfiques sur la santé, notamment des propriétés antioxydantes et anti-inflammatoires, mais des recherches supplémentaires sont nécessaires pour établir son efficacité dans le traitement de l'acné.

L'efficacité d'un traitement contre l'acné peut varier considérablement d'une personne à l'autre. En outre, des facteurs tels que la gravité de l'acné, le type de peau et l'observance du traitement peuvent influer sur la rapidité des résultats.

Si vous envisagez d'utiliser le shilajit contre l'acné, il est essentiel d'avoir des attentes réalistes. Il est conseillé de consulter un professionnel de la santé ou un dermatologue avant de commencer un nouveau traitement contre l'acné, y compris des remèdes naturels comme le shilajit. Ils pourront vous conseiller en fonction de l'état de votre peau et de vos antécédents médicaux.

Entre-temps, les traitements traditionnels et bien établis contre l'acné, tels que les rétinoïdes topiques, le peroxyde de benzoyle et l'acide salicylique, disposent d'un plus grand nombre de preuves de leur efficacité. Si vous recherchez des résultats plus rapides et éprouvés, ces traitements peuvent être plus appropriés. Suivez toujours les conseils de votre professionnel de la santé pour trouver la meilleure approche de gestion de votre acné.

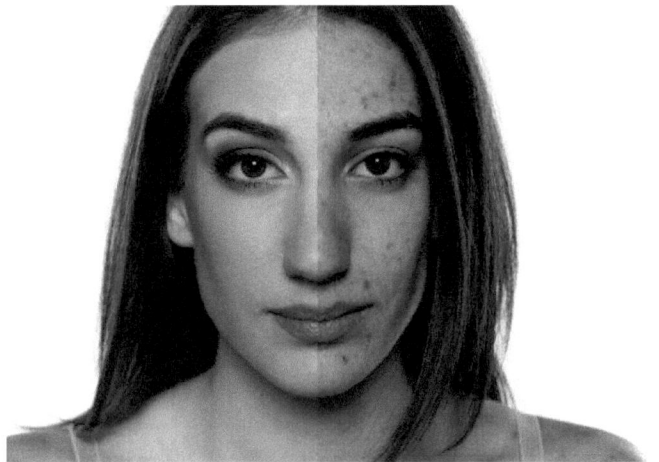

Figure n°9 : Cette image montre que le Shilajit est le meilleur pour l'acné.

♦ Comment utiliser le Shilajit ?

L'utilisation du Shilajit peut varier en fonction des préférences individuelles, de la forme sous laquelle il est obtenu et du but recherché. Le Shilajit est disponible sous différentes formes, notamment sous forme de résine, de poudre, de gélules et de suppléments. Voici quelques conseils généraux pour l'utilisation du Shilajit :

Résine pure :

- o Si vous avez du Shilajit sous forme de résine, commencez par en casser une petite partie. La résine de Shilajit est souvent collante et peut être dissoute dans de l'eau chaude ou du lait.
- o Mélangez la résine dans un verre d'eau chaude ou de lait jusqu'à ce qu'elle se dissolve. La chaleur peut rendre la résine plus souple.

Figure n°10 : Cette image montre la forme de résine pure de Shilajit.

Forme en poudre :

- o Si vous avez du Shilajit en poudre, vous pouvez le mélanger à de l'eau chaude, du lait ou un smoothie.
- o Commencez par une petite quantité (comme recommandé sur l'étiquette du produit) et augmentez progressivement si nécessaire.

Figure n°11 : Cette image montre la forme en poudre du Shilajit.

Capsules ou suppléments :

- o Respecter le dosage recommandé sur l'étiquette du produit.
- o Prendre les gélules ou les suppléments de Shilajit avec de l'eau ou une boisson selon les instructions.

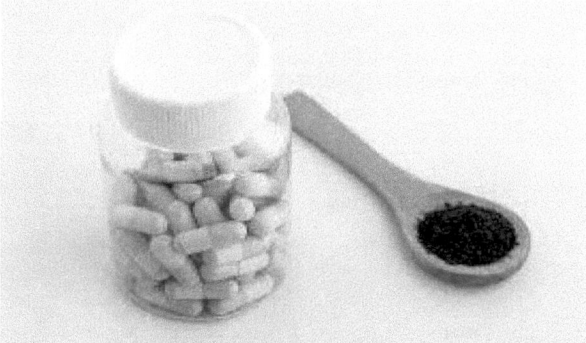

Figure n°12 : Cette image montre les gélules ou les suppléments de Shilajit.

Application topique :

- o Certaines personnes utilisent le Shilajit par voie topique pour soigner les affections cutanées ou la santé des cheveux. Pour ce faire, vous pouvez mélanger une petite quantité de Shilajit à une huile de support (telle que l'huile de coco) et l'appliquer sur la peau ou les cheveux.

Consulter un professionnel de la santé :
- o Avant d'intégrer le Shilajit à votre routine, en particulier si vous avez des problèmes de santé sous-jacents ou si vous prenez des médicaments, il est conseillé de consulter un professionnel de la santé pour obtenir des conseils personnalisés.

La qualité compte :
- o Veillez à vous procurer le Shilajit auprès de fournisseurs réputés pour en garantir la qualité et l'authenticité. Le Shilajit authentique provient de régions montagneuses et est traité de manière responsable.

La cohérence est essentielle :
- o Si vous utilisez le Shilajit pour des objectifs de santé spécifiques, il est souvent recommandé de faire preuve de constance dans l'utilisation. Il peut s'écouler un certain temps avant que les bienfaits potentiels ne se fassent sentir.

Calendrier :
- o Certaines personnes préfèrent prendre le Shilajit le matin ou pendant les repas, mais le moment de la prise peut varier en fonction des préférences personnelles.

N'oubliez pas que, bien que le Shilajit ait une longue histoire d'utilisation traditionnelle et que certaines recherches préliminaires soient prometteuses, il est important d'aborder son utilisation avec prudence. Si vous avez des inquiétudes ou des questions, il est recommandé de consulter un professionnel de la santé pour s'assurer que le Shilajit est adapté à vos besoins et à votre situation personnelle.

Figure No13 : Cette image montre l'extrait de Shilajit pur fraîchement fabriqué.

♦ *Propriétés médicinales du Shilajit :*

Qualités premières	Qualités secondaires
• Aphrodisiaque • Spermatogène • Alterative • Agent rajeunissant • Anti-inflammatoire • Antipyrétique • Anti-obésité • Tonique nerveux • Anxiolytique • Antilithiaque • Antidiabétique • Diurétique • Antihyperlipidémique • Cardioprotecteur	• Bio-nettoyant • Antiseptique • Anodyne • Entrée • Stimulant digestif • Carminatif • Laxatif léger • Anthelminthique • Détoxifiant sanguin

♦ **Importance des Shilajits**

Le shilajit est une substance naturelle importante dont l'utilisation traditionnelle est très ancienne, en particulier dans la médecine ayurvédique. Extrait des roches des régions montagneuses, le shilajit est vénéré pour sa diversité de minéraux, d'acides fulviques et de composés bioactifs. Ses propriétés adaptogènes, traditionnellement considérées comme améliorant la capacité de l'organisme à s'adapter au stress, en font un élément précieux des pratiques de bien-être holistiques. Les bienfaits potentiels du shilajit couvrent divers aspects de la santé, notamment l'énergie et la vitalité, les fonctions cognitives et le soutien du système immunitaire. Riche en antioxydants, on pense qu'il combat le stress oxydatif et contribue aux effets anti-âge. L'utilisation du shilajit ne se limite pas à la santé interne ; il a également été appliqué par voie topique pour le soin de la peau et des cheveux. Alors que la recherche scientifique se poursuit pour élucider ses mécanismes et son efficacité, le shilajit continue d'attirer l'attention en tant que complément naturel doté de propriétés potentielles de promotion de la santé. Comme pour tout autre supplément, son utilisation doit être envisagée avec prudence et il est conseillé de consulter des professionnels de la santé pour obtenir des conseils personnalisés. On ne saurait trop insister sur l'importance de s'approvisionner en Shilajit authentique et de haute qualité pour garantir son efficacité et sa sécurité.

Shilajit : Inoffensif et effets secondaires

♦ Effets secondaires du Shilajit :

Le shilajit est généralement considéré comme sans danger pour la plupart des gens lorsqu'il est utilisé avec modération et qu'il provient de fournisseurs réputés. Bien que le Shilajit soit généralement considéré comme sûr pour la plupart des gens lorsqu'il est utilisé avec modération, il est important d'être conscient des effets secondaires potentiels et des considérations à prendre en compte. N'oubliez pas que les réactions individuelles aux suppléments peuvent varier et que la qualité des produits à base de shilajit peut également influer sur la sécurité. Voici quelques effets secondaires et considérations potentiels associés au Shilajit :

• Inoffensif et bien toléré :

Le shilajit a une longue histoire d'utilisation traditionnelle, en particulier dans la médecine ayurvédique, où il est considéré comme une substance naturelle ayant des effets bénéfiques potentiels sur la santé.

• Teneur en minéraux :

Le shilajit contient divers minéraux et de l'acide fulvique, qui sont généralement considérés comme essentiels pour la santé. Ces composants contribuent à son profil nutritionnel.

• Propriétés antioxydantes :

L'acide fulvique contenu dans le Shilajit a des effets antioxydants qui peuvent aider à combattre le stress oxydatif dans l'organisme.

• Propriétés adaptogènes :

Le shilajit est classé parmi les adaptogènes et de nombreuses personnes l'utilisent pour sa capacité supposée à aider l'organisme à s'adapter aux facteurs de stress.

• Qualité et pureté :

La qualité et l'authenticité des produits à base de Shilajit peuvent varier. Il est essentiel de s'approvisionner en Shilajit auprès de fournisseurs réputés afin d'en garantir la pureté et d'éviter les contaminants potentiels.

• Métaux lourds :

Selon la source, le Shilajit peut contenir des traces de métaux lourds. La consommation régulière de Shilajit contenant des niveaux élevés de métaux lourds peut être nocive. Il est donc essentiel de choisir des produits de haute qualité faisant l'objet de mesures rigoureuses de contrôle de la qualité.

• Sensibilité individuelle :

Bien que de nombreuses personnes tolèrent bien le Shilajit, la sensibilité aux substances naturelles peut varier d'une personne à l'autre. Certaines personnes peuvent ressentir des troubles gastro-intestinaux ou des réactions allergiques.

- **Interaction avec les médicaments :**

Le Shilajit peut interagir avec certains médicaments. Les personnes qui prennent des médicaments doivent consulter un professionnel de la santé avant d'intégrer le Shilajit dans leur routine.

- **Grossesse et allaitement :**

Les femmes enceintes et celles qui allaitent doivent faire preuve de prudence et consulter leur fournisseur de soins de santé avant d'utiliser le Shilajit, en raison des données de sécurité limitées dans ces populations.

- **Inconfort gastro-intestinal :**

Certaines personnes peuvent ressentir des troubles gastro-intestinaux, tels que des maux d'estomac, des diarrhées ou des nausées, en particulier lorsqu'elles prennent des quantités importantes de Shilajit. Commencer par une petite dose et l'augmenter progressivement peut aider à minimiser ces effets.

- **Réactions allergiques :**

Bien que rares, des réactions allergiques au Shilajit ont été signalées. Si vous présentez des symptômes tels que démangeaisons, éruptions cutanées, gonflement ou difficultés respiratoires, cessez d'utiliser le produit et consultez un médecin.

- **Interaction avec les médicaments :**

Le shilajit peut interagir avec certains médicaments. Il peut potentiellement renforcer les effets des médicaments, entraînant un risque accru d'effets secondaires. Les personnes qui prennent des médicaments doivent consulter un professionnel de la santé avant d'utiliser le Shilajit.

- **Contamination par les métaux lourds :**

Selon la source et les méthodes de traitement, le Shilajit peut contenir des traces de métaux lourds. La consommation prolongée de Shilajit contenant des niveaux élevés de métaux lourds peut être nocive. Pour minimiser ce risque, il est essentiel de choisir des produits de haute qualité provenant de fournisseurs réputés.

- **Affections auto-immunes :**

Le Shilajit peut avoir des effets stimulants sur le système immunitaire. Les personnes souffrant de maladies auto-immunes doivent utiliser le Shilajit avec prudence, car il peut potentiellement exacerber les réponses immunitaires. Les personnes souffrant de maladies auto-immunes doivent utiliser le Shilajit avec prudence, car il peut stimuler le système immunitaire.

- **Grossesse et allaitement :**

Les données de sécurité concernant l'utilisation du Shilajit pendant la grossesse et l'allaitement sont limitées. Les femmes enceintes et celles qui allaitent doivent faire preuve de prudence et consulter leur médecin avant d'utiliser le Shilajit.

Il est essentiel d'aborder l'utilisation du Shilajit avec prudence, en particulier si vous avez des problèmes de santé sous-jacents ou si vous prenez des médicaments. Avant d'intégrer le Shilajit à votre routine, il est conseillé de consulter un professionnel de la santé pour obtenir des conseils personnalisés. En outre, le choix de produits à base de Shilajit de haute qualité provenant de fournisseurs réputés peut contribuer à garantir la sécurité et l'efficacité du produit. Depuis la dernière mise à jour de mes connaissances en janvier 2022, des recherches en cours pourraient fournir des informations supplémentaires sur le profil de sécurité du Shilajit.

♦ Précautions à prendre avec le Shilajit :

Bien que le Shilajit soit généralement considéré comme sans danger pour la plupart des gens lorsqu'il est utilisé de manière responsable, il y a certaines précautions à garder à l'esprit pour garantir une utilisation sûre et efficace :

• Consulter un professionnel de la santé :

Avant d'intégrer le Shilajit à votre routine, en particulier si vous avez des problèmes de santé ou si vous prenez des médicaments, il est essentiel de consulter un professionnel de la santé. Ceci est particulièrement important pour les femmes enceintes ou allaitantes et les personnes souffrant de maladies auto-immunes.

• Commencez par de petites doses :

Si vous êtes novice en matière de Shilajit, commencez par une petite dose et observez comment votre corps réagit. Cela vous permettra d'évaluer votre tolérance et de minimiser le risque d'effets secondaires potentiels.

• Choisissez des produits de haute qualité :

Choisissez des produits à base de Shilajit provenant de fournisseurs réputés qui adhèrent à des mesures de contrôle de la qualité. Cela permet de garantir la pureté du produit et de minimiser le risque de contaminants, tels que les métaux lourds.

• Attention aux métaux lourds :

Le Shilajit peut contenir des traces de métaux lourds en fonction de sa source. La consommation prolongée de Shilajit contenant des niveaux élevés de métaux lourds peut être nocive. Veillez à ce que le produit que vous choisissez soit soumis à des tests rigoureux concernant la teneur en métaux lourds.

• Surveiller les réactions allergiques :

Bien que rares, des réactions allergiques au Shilajit ont été signalées. Si vous présentez des symptômes tels que démangeaisons, éruptions cutanées, gonflement ou difficultés respiratoires, cessez d'utiliser le produit et consultez un médecin.

• Surveiller les troubles gastro-intestinaux :

Certaines personnes peuvent ressentir des troubles gastro-intestinaux, tels que des maux d'estomac, des diarrhées ou des nausées. Si ces symptômes apparaissent, il convient de réduire la dose ou d'interrompre le traitement.

• Tenir compte de l'interaction avec les médicaments :

Le Shilajit peut interagir avec certains médicaments. Si vous prenez des médicaments, en particulier pour des maladies chroniques, consultez votre fournisseur de soins de santé avant d'utiliser le Shilajit afin d'éviter les interactions potentielles.

• Éviter la consommation excessive :

Si le Shilajit est considéré comme sûr avec modération, une consommation excessive peut entraîner des effets indésirables. Respectez la posologie recommandée par le produit ou par votre professionnel de la santé.

- **Attention à la source et au traitement :**

Faites attention à la source et aux méthodes de traitement des produits à base de Shilajit. Le Shilajit authentique provient de régions montagneuses et subit un traitement responsable.

- **Éduque-toi :**

Soyez informé des bénéfices potentiels et des effets secondaires du Shilajit. La connaissance vous permet de prendre des décisions éclairées quant à son utilisation.

En prenant ces précautions et en abordant l'utilisation du Shilajit en connaissance de cause, vous pouvez maximiser les bénéfices potentiels tout en minimisant le risque d'effets indésirables. Donnez toujours la priorité à votre santé et à votre bien-être, et consultez un professionnel de la santé si vous avez des inquiétudes ou des questions.

Activité antimicrobienne du Shilajit

◆ **Microbiome du Shilajit :**

Le microbiome du shilajit fait référence à la communauté de micro-organismes qui peuvent être présents dans cette substance naturelle. Le shilajit est une matière résineuse complexe qui se forme dans les régions montagneuses au fil des siècles en raison de la décomposition de matières végétales et microbiennes. Le microbiome du shilajit peut comprendre diverses bactéries, champignons et autres micro-organismes qui contribuent à sa formation et à ses caractéristiques.

La composition microbienne spécifique du shilajit peut varier en fonction de facteurs tels que la situation géographique d'où il provient, les types de plantes et de matières organiques présents et les conditions environnementales lors de sa formation. La recherche sur le microbiome du shilajit est limitée, et la diversité et le rôle des microorganismes présents dans le shilajit ne sont pas étudiés de manière aussi approfondie que les communautés microbiennes présentes dans d'autres environnements tels que le sol ou l'intestin humain.

Cependant, on sait que l'activité microbienne joue un rôle dans la décomposition du matériel végétal et la transformation des composés organiques en un mélange complexe qui caractérise le Shilajit. En outre, le microbiome du Shilajit peut contribuer à certains composants bioactifs et processus métaboliques au sein de la substance.

Il est important de noter que les recherches scientifiques relatives au Shilajit se concentrent souvent sur sa composition chimique, sa teneur en minéraux et ses composés bioactifs potentiels plutôt que sur une analyse approfondie de ses communautés microbiennes. Des recherches supplémentaires sont nécessaires pour explorer de manière exhaustive la diversité microbienne et les fonctions du shilajit.

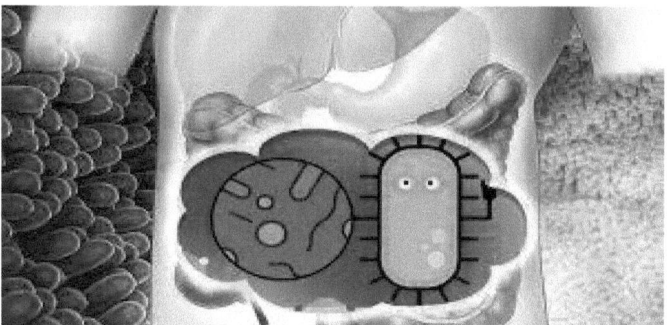

Figure n°14 : Cette image montre le microbiome du Shilajit.

♦ Activité antimicrobienne du Shilajit :

- Activité antibactérienne du Shilajit
- Activité antivirale du Shilajit
- Activité antifongique du Shilajit
- Activité anticancéreuse du Shilajit

• Activité antibactérienne du Shilajit :

Des recherches suggèrent que le shilajit pourrait avoir des effets antibactériens sur diverses souches de bactéries. Les propriétés antibactériennes du shilajit sont attribuées à sa composition complexe, qui comprend de l'acide fulvique, de l'acide humique et d'autres composés bioactifs. Voici quelques points clés concernant les effets antibactériens du shilajit :

o Acide fulvique :

L'acide fulvique, l'un des principaux composants du Shilajit, a été étudié pour ses propriétés antibactériennes. Il perturberait les membranes des cellules bactériennes et inhiberait la croissance et la réplication de certaines bactéries.

o Acide humique :

L'acide humique, un autre composant du Shilajit, a également démontré une activité antibactérienne dans des études de recherche. Il peut interférer avec les fonctions des cellules bactériennes et contribuer aux effets antibactériens globaux du Shilajit.

o Ions métalliques :

Le Shilajit contient divers minéraux et certains d'entre eux peuvent jouer un rôle dans ses effets antibactériens. Les ions métalliques tels que le cuivre et le zinc, présents dans le Shilajit, ont des propriétés antibactériennes connues et peuvent affecter la croissance bactérienne.

o **Activité à large spectre :**

Des études ont montré que le Shilajit présente une activité antibactérienne contre une série de bactéries, y compris des souches Gram-positives et Gram-négatives. Cette activité à large spectre est prometteuse pour des applications thérapeutiques potentielles.

o **Effets synergiques :**

La combinaison de différents composés bioactifs dans le Shilajit peut conduire à des effets synergiques, renforçant son activité antibactérienne globale.

Il est important de noter que si la recherche suggère des propriétés antibactériennes, les mécanismes spécifiques par lesquels le Shilajit agit contre les bactéries et l'étendue de son efficacité font encore l'objet de recherches. En outre, la concentration et la pureté du Shilajit, ainsi que les souches bactériennes spécifiques testées, peuvent influencer les résultats des études.

Comme pour tout remède naturel, il est essentiel de faire preuve de prudence dans l'utilisation du Shilajit. Si vous envisagez d'utiliser le Shilajit à des fins antibactériennes, il est conseillé de consulter un professionnel de la santé, en particulier pour les personnes souffrant de problèmes de santé spécifiques ou prenant des médicaments. Des recherches supplémentaires, y compris des essais cliniques, sont nécessaires pour mieux comprendre le potentiel antibactérien du Shilajit et ses applications dans différents contextes.

- **Activité antivirale du Shilajit :**

Les recherches sur l'activité antivirale du shilajit sont limitées et, bien que certaines données suggèrent des propriétés antivirales potentielles, des études supplémentaires sont nécessaires pour établir son efficacité et ses mécanismes d'action contre des virus spécifiques. La composition complexe du shilajit, qui comprend de l'acide fulvique, de l'acide humique, des minéraux et d'autres composés bioactifs, a conduit les chercheurs à étudier son potentiel antiviral. Voici quelques points clés concernant le Shilajit et son activité antivirale potentielle :

o **Acide fulvique :**

L'acide fulvique, un composant majeur du Shilajit, a été étudié pour ses propriétés antivirales. L'acide fulvique peut interférer avec le cycle de réplication des virus et inhiber leur capacité à infecter les cellules hôtes.

o **Modulation immunitaire :**

Certaines études suggèrent que le Shilajit pourrait avoir des effets immuno-modulateurs. Un système immunitaire performant est essentiel pour lutter contre les infections virales. L'influence potentielle du Shilajit sur le système immunitaire pourrait contribuer à l'activité antivirale.

o **Effets antioxydants :**

Les propriétés antioxydantes du Shilajit pourraient jouer un rôle dans la protection des cellules contre le stress oxydatif induit par les infections virales. Le stress oxydatif est souvent associé à la réplication virale et à la pathogenèse.

- o **Ions métalliques :**

La teneur en minéraux du Shilajit, notamment le cuivre et le zinc, peut contribuer à ses effets antiviraux. Certains ions métalliques ont des propriétés antivirales connues.

- o **Effets synergiques :**

La combinaison de divers composés bioactifs dans le Shilajit peut conduire à des effets synergiques, renforçant potentiellement son activité antivirale.

Il est essentiel de souligner que les recherches disponibles sont préliminaires et que les effets antiviraux spécifiques du Shilajit sur des virus particuliers doivent faire l'objet d'études plus approfondies. En outre, l'activité antivirale du shilajit peut varier en fonction de sa source et de sa qualité.

Bien que le Shilajit soit prometteur, il ne doit pas être considéré comme un substitut aux médicaments antiviraux ou aux vaccins. Si vous êtes préoccupé par des infections virales ou si vous cherchez des interventions antivirales, il est conseillé de consulter des professionnels de la santé qui peuvent vous fournir des conseils et des recommandations fondés sur des données probantes et adaptés à vos besoins de santé spécifiques.

- • **Activité antifongique du Shilajit :**

Le shilajit a été étudié pour son activité antifongique potentielle, et certaines études suggèrent qu'il pourrait avoir des effets inhibiteurs sur divers champignons. La composition complexe du shilajit, qui comprend de l'acide fulvique, de l'acide humique et d'autres composés bioactifs, contribue à ses propriétés antimicrobiennes, notamment à son activité antifongique. Voici quelques points clés concernant le potentiel antifongique du Shilajit :

- o **Acide fulvique :**

L'acide fulvique, l'un des principaux composants du Shilajit, a été étudié pour ses propriétés antifongiques. Il peut perturber la structure et la fonction des membranes cellulaires fongiques, inhibant ainsi la croissance et la survie de certains champignons.

- o **Acide humique :**

L'acide husique, un autre composant du Shilajit, a été étudié pour son activité antifongique. Il peut interférer avec les processus métaboliques des champignons, entraînant des effets inhibiteurs.

- o **Ions métalliques :**

Le shilajit contient divers minéraux, dont certains peuvent contribuer à ses effets antifongiques. Les ions métalliques, tels que le cuivre et le zinc, sont connus pour leurs propriétés antifongiques et peuvent perturber la croissance des champignons.

- o **Effets synergiques :**

La combinaison de différents composés bioactifs dans le Shilajit peut avoir des effets synergiques, renforçant ainsi son activité antifongique globale.

Des études ont exploré l'efficacité du Shilajit contre diverses souches fongiques, y compris celles responsables d'infections courantes. Cependant, les mécanismes spécifiques par lesquels le Shilajit exerce ses effets antifongiques ne sont pas entièrement compris, et des recherches supplémentaires sont nécessaires pour déterminer son efficacité contre différents champignons.

Il est important de noter que si le Shilajit peut s'avérer prometteur en tant qu'agent antifongique naturel, son utilisation à cette fin doit être envisagée avec prudence. Si vous souffrez d'une infection fongique ou d'autres problèmes de santé, il est conseillé de consulter des professionnels de la santé pour obtenir un diagnostic et un traitement appropriés. En outre, la qualité et l'authenticité du produit Shilajit doivent être prises en compte pour s'assurer de son efficacité et de sa sécurité.

Tableau Ce tableau montre les différentes bactéries présentes dans le shilajit.

Bactéries à Gram positif
• S. aureus • S. saprophyticus • S. pneumoniae • B. Substilis
Bactéries à Gram négatif
• Salmonella Para typhi • Shigella dysenterae • E. coli • Klebsiella • Acinetobacter • Citrobacter • Salmonella typhi • Klebsiella oxytoca • Fluorescence
Levure
• Candida albicans

• Activité anticancéreuse du Shilajit :

La recherche sur l'activité anticancéreuse potentielle du Shilajit est un domaine d'investigation en cours, et il y a un intérêt croissant à comprendre les effets du Shilajit sur les cellules cancéreuses. Cependant, il est essentiel de noter que si certaines études suggèrent certaines propriétés anticancéreuses, des recherches plus complètes, y compris des essais cliniques, sont nécessaires pour établir son efficacité et sa sécurité dans la prise en charge du cancer. Voici quelques points clés relatifs à l'activité anticancéreuse potentielle du Shilajit :

o **Effets antioxydants :**

Le shilajit est riche en antioxydants, notamment en acide fulvique, qui peuvent aider à lutter contre le stress oxydatif. Le stress oxydatif est impliqué dans le développement et la progression du cancer, et les antioxydants sont censés protéger les cellules de ce stress.

o **Propriétés anti-inflammatoires :**

L'inflammation est associée au développement du cancer et le Shilajit a été étudié pour ses effets anti-inflammatoires potentiels. En modulant les réponses inflammatoires, le Shilajit peut contribuer à la prévention ou au traitement du cancer.

o **Modulation du système immunitaire :**

Certaines études suggèrent que le Shilajit pourrait avoir des effets immuno-modulateurs. Un système immunitaire qui fonctionne bien est essentiel pour reconnaître et éliminer les cellules anormales, y compris les cellules cancéreuses.

o **Induction de l'apoptose :**

L'apoptose, ou mort cellulaire programmée, est un processus naturel qui élimine les cellules endommagées ou anormales. Certaines recherches ont examiné si le Shilajit pouvait induire l'apoptose dans les cellules cancéreuses, contribuant ainsi à leur élimination.

o **Inhibition de la prolifération cellulaire :**

Le shilajit a été étudié pour son potentiel à inhiber la prolifération des cellules cancéreuses, en empêchant leur croissance et leur division incontrôlées.

o **Teneur en ions métalliques :**

Le shilajit contient divers minéraux et certaines études suggèrent que certains ions métalliques pourraient jouer un rôle dans ses effets anticancéreux.

Il est important de souligner que si les études préliminaires sont prometteuses, des recherches plus rigoureuses, en particulier des essais cliniques sur l'homme, sont nécessaires pour confirmer le potentiel anticancéreux du Shilajit et déterminer ses mécanismes d'action spécifiques. En outre, les réponses individuelles au Shilajit peuvent varier et il ne doit pas être utilisé comme substitut aux traitements anticancéreux conventionnels.

Si vous ou l'un de vos proches êtes atteint d'un cancer, il est essentiel de consulter des oncologues et des professionnels de la santé pour obtenir des options de traitement fondées sur des données probantes et des conseils personnalisés. Toute utilisation du Shilajit en tant que thérapie complémentaire ou alternative doit se faire sous la supervision de professionnels de la santé.

———————————————————

Perspectives d'avenir du Shilajit

◆ **Perspectives d'avenir du Shilajit :**

Les perspectives d'avenir du Shilajit impliquent la poursuite de l'exploration de ses bienfaits potentiels pour la santé, la poursuite de la recherche scientifique et son intégration dans les pratiques de soins de santé courantes.

Voici quelques perspectives d'avenir pour le Shilajit :

- **Recherche et essais cliniques :**

Il est essentiel de poursuivre et d'élargir la recherche et les essais cliniques pour mieux comprendre les effets spécifiques sur la santé et les mécanismes d'action du Shilajit. Des études bien conçues, y compris des essais contrôlés randomisés, peuvent fournir des preuves plus concluantes de l'efficacité du Shilajit pour divers problèmes de santé.

- **Identification des composés actifs :**

La recherche visant à identifier et à isoler les composés bioactifs spécifiques responsables des effets du Shilajit peut contribuer au développement de thérapies et de formulations ciblées.

- **Normalisation et contrôle de la qualité :**

Il est essentiel d'établir des méthodes normalisées pour l'extraction, le traitement et le contrôle de la qualité des produits à base de shilajit. Cela garantit la cohérence de la qualité des produits et permet des comparaisons fiables entre les études.

- **Intégration dans la médecine traditionnelle :**

En fonction des résultats d'une recherche rigoureuse, il est possible d'intégrer le shilajit dans les pratiques médicales courantes, soit en tant qu'agent thérapeutique autonome, soit en tant qu'approche complémentaire dans certains états de santé.

- **Nutraceutiques et aliments fonctionnels :**

Le Shilajit pourrait trouver sa place dans le développement de produits nutraceutiques et d'aliments fonctionnels. Les produits enrichis en Shilajit pourraient être conçus pour apporter des bénéfices ciblés en matière de santé.

- **Applications pharmaceutiques :**

Si des composés bioactifs spécifiques du Shilajit sont identifiés et validés, ils pourraient servir de base au développement de médicaments pharmaceutiques ciblant des problèmes de santé spécifiques.

- **Sensibilisation et éducation des consommateurs :**

Il est essentiel de sensibiliser et d'éduquer les consommateurs sur les avantages potentiels et l'utilisation appropriée du Shilajit. Il s'agit notamment de fournir des informations sur l'origine, la qualité et les considérations de sécurité.

- **Expansion du marché mondial :**

Au fur et à mesure que les connaissances scientifiques progressent, le marché mondial des produits à base de Shilajit pourrait s'étendre et toucher un public plus large à la recherche de remèdes naturels et traditionnels.

- **Compléments alimentaires :**

Le shilajit pourrait devenir un ingrédient clé dans le développement de nutraceutiques et de compléments alimentaires destinés à apporter des bénéfices holistiques à la santé. Les formulations peuvent cibler des problèmes de santé spécifiques, le shilajit jouant un rôle central.

- **Cadres réglementaires :**

L'élaboration de cadres réglementaires et de normes claires pour les produits à base de shilajit peut garantir la sécurité des consommateurs et faciliter une commercialisation et une distribution responsables.

- **Collaboration avec les systèmes de médecine traditionnelle :**

La collaboration entre les systèmes de médecine traditionnelle, tels que l'Ayurveda, et les pratiques de soins de santé modernes peut contribuer à une compréhension plus complète des utilisations traditionnelles du Shilajit et de ses applications thérapeutiques potentielles.

Bien que le Shilajit ait une longue histoire d'utilisation traditionnelle, ses perspectives d'avenir dépendront d'une validation scientifique solide, de considérations réglementaires et de pratiques commerciales responsables. La poursuite de la recherche et de la collaboration entre les connaissances traditionnelles et la science moderne sera essentielle pour libérer tout le potentiel du shilajit.

Références

- Wilson, Eugene ; Rajamanickam, G. Victor ; Dubey, G. Prasad ; Klose, Petra ; Musial, Frauke ; Saha, F. Joyonto ; Rampp, Thomas ; Michalsen, Andreas ; Dobos, Gustav J. (2011-06-14). "Review on shilajit used in traditional Indian medicine". Journal of Ethnopharmacology. **136** (1) : 1–9. doi:10.1016/j.jep.2011.04.033. ISSN 1872-7573. PMID 21530631.
- Sauter à : [a][b] "MUMIYO - Grande encyclopédie russe - version électronique". bigenc.ru. Consulté le 2022-08-01.
- ^ Hill, Carol A. ; Forti, Paolo (1997). Cave Minerals of the World. National Speleological Society. ISBN 978-1-879961-07-4. [page needed]
- ^ Rahmani Barouji, Solmaz ; Saber, Amir ; Torbati, Mohammadali ; Fazljou, Seyyed Mohammad Bagher ; Yari Khosroushahi, Ahmad (2020). "Effets bénéfiques sur la santé des Moomiaii dans la médecine traditionnelle". Galen Medical Journal. **9** : e1743. doi:10.31661/gmj.v9i0.1743. ISSN 2322-2379. PMC 8343599. PMID 34466583.
- ^ Winston, David ; Maimes, Steven (2007-03-22). "Part two : Materia medica". 7. Monographies sur les adaptogènes. Shilajit". Adaptogens : Herbs for Strength, Stamina, and Stress Relief (Adaptogènes : plantes pour la force, l'endurance et le soulagement du stress). Inner Traditions / Bear & Co. p. 129. ISBN 978-1-59477-158-3.
- ^ Kloskowski, T. ; Szeliski, K. ; Krzeszowiak, K. ; Fekner, Z. ; Kazimierski, Ł ; Jundziłł, A. ; Drewa, T. ; Pokrywczyńska, M. (2021-11-19). "Mumio (Shilajit) comme chimiothérapie potentielle pour le traitement du cancer de la vessie". Scientific Reports. **11** (1) : 22614. Bibcode:2021NatSR..1122614K. doi:10.1038/s41598-021-01996-8. ISSN 2045-2322. PMC 8604984. PMID 34799663.
- Govindarajan R, Vijayakumar M, Pushpangadan P.J Ethnopharmacol. 2005 Jun 3;99(2):165-78. doi : 10.1016/j.jep.2005.02.035. Epub 2005 Apr 26.PMID : 15894123
- Cornejo A, Jiménez JM, Caballero L, Melo F, Maccioni RB. L'acide fulvique inhibe l'agrégation et favorise le désassemblage des fibrilles de tau associées à la maladie d'Alzheimer. *Journal of Alzheimer's Disease.* 2011;27(1):143-153.
- Ghosal S. Chemistry of *shilajit*, an immunomodulatory Ayurvedic rasayan. *Pure and Applied Chemistry.* 1990;62(7):1285–1288.
- N. Chopra R, C. Chopra I, L. Handa K, D. Kapoor K. *In Indigenous Drugs of India.* Calcutta, Inde : U.N. Dhar & Sons ; 1958.
- Agarwal SP, Khanna R, Karmarkar R, Anwer MK, Khar RK. *Shilajit* : a review. *Phytotherapy Research.* 2007;21(5):401-405.
- Ghosal S, Reddy JP, Lal VK. *Shilajit* I : chemical constituents. *Journal of Pharmaceutical Sciences.* 1976;65(5):772-773.
- Khanna R, Witt M, Khalid Anwer M, Agarwal SP, Koch BP. Caractérisation spectroscopique des acides fulviques extraits de l'exsudat rocheux *shilajit* . *Organic Geochemistry.* 2008;39(12):1719–1724.

- Mittal P, Kaushik D, Gupta V, Bansal P, Khokra S. Therapeutic potencial of "Shilajit Rasayana"-A Review. *International Journal of Pharmaceutical and Clinical Research.* 2009;1(2):47-49.
- M. S. Islam K, Schumacher A, M. Gropp J. Humic acid substances in animal agriculture. *Pakistan Journal of Nutrition.* 2005;4:126-134.
- Vucskits AV, Hullár I, Bersényi A, Andrásofszky E, Kulcsár M, Szabó J. Effect of fulvic and humic acids on performance, immune response and thyroid function in rats. *Journal of Animal Physiology and Animal Nutrition.* 2010;94(6):721-728.
- Schepetkin IA, Xie G, Jutila MA, Quinn MT. Complement-fixing activity of fulvic acid from *shilajit* and other natural sources. *Phytotherapy Research.* 2009;23(3):373-384.1
- Kong YC, But PPH, Ng KH, et al. Chemical studies on a Nepalese *Panacea-shilajit* (I) *International Journal of Crude Drug Research.* 1987;25(3):179-182.
- Ghosal S, Lal J, Singh SK, Goel RK, Jaiwal AK, Bhattacharya SK. The need for formulation of *shilajit* by its isolated active constituents. *Phytotherapy Research.* 1991;5(5):211-216.
- Ghosal S, Mukherjee B, K. Bhattacharya S. *Shilajit-a* comparative study of the ancient and the modern scientific findings. *Indian Journal of Indigenous Medicine.* 1995;17:1-10.
- Ghosal S, Singh SK, Kumar Y, et al. *Shilajit.* 3. Antiulcerogenic of fulvic acids and 4-methoxy-6-carbomethoxybiphenyl isolated from shilaji. *Phytotherapy Research.* 1988;2(4):187-191.
- Ghosal S, Lata S, Kumar Y, Gaur B, Misra N. Interaction of *shilajit* with biogenic free radicals. *Indian Journal of Chemistry B.* 1995;34:596-602.
- Bhattacharya SK, Sen AP. Effets du *shilajit* sur les radicaux libres biogènes. *Phytotherapy Research.* 1995;9(1):56-59 .
- K. Jaiswal A, K. Bhattacharya S. Effects of *shilajit* on memory, anxiety and brain monoamines in rats. *Indian Journal of Pharmacology.* 1992;24:12-17.
- Bhattacharya SK. *Shilajit* atténue le diabète sucré induit par la streptozotocine et la diminution de l'activité de la superoxyde dismutase des îlots pancréatiques chez les rats. *Phytotherapy Research.* 1995;9(1):41-44.
- Wang C, Wang Z, Peng A, Hou J, Xin W. Interaction entre les acides fulviques de différentes origines et les radicaux d'oxygène actifs. *Science in China, Series C.* 1996;39(3):267-275.
- Ghosal S, Lal J, Singh SK, et al. Mast cell protecting effects of *shilajit* and its constituents. *Phytotherapy Research.* 1989;3(6):249-252.
- Acharya SB, Frotan MH, Goel RK, Tripathi SK, Das PK. Pharmacological actions of *shilajit* . *Indian Journal of Experimental Biology.* 1988;26(10):775-777.
- Shalini, Srivastava R. Antifungal activity screening and hplc analysis of crude extract from Tectona grandis, *shilajit*, Valeriana wallachi. *Electronic Journal of Environmental, Agricultural and Food Chemistry.* 2009;8(4):218-229.
- Mirza MA, Agarwal SP, Rahman MA, et al. Role of humic acid on oral drug delivery of an antiepileptic drug. *Drug Development and Industrial Pharmacy.* 2011;37(3):310-319.
- Meena H, K. Pandey H, C. Arya M, Ahmed Z. *Shilajit* : a panacea for high-altitude problems. *International Journal of Ayurveda Research.* 2010;1(1):37-40.
- Wilson E, Rajamanickam GV, Dubey GP, et al. Review on *shilajit* used in traditional Indian medicine. *Journal of Ethnopharmacology.* 2011;136(1):1-9.

- Pandit S, Biswas S, Jana U, De RK, Mukhopadhyay SC, Biswas TK. Clinical evaluation of purified Shilajit on testosterone levels in healthy volunteers (Évaluation clinique du Shilajit purifié sur les niveaux de testostérone chez les volontaires sains). Andrologia [Internet]. 2016 Jun 1 [cited 2022 Mar 23];48(5):570-5. Disponible à l'adresse : https://pubmed.ncbi.nlm.nih.gov/26395129/

- 2. Carrasco-Gallardo C, GuzmÃn L, MacCioni RB. Shilajit : A Natural Phytocomplex with Potential Procognitive Activity. International Journal of Alzheimer's Disease [Internet]. 2012 [cité 2022 Mar 23];2012. Disponible à l'adresse : https://pubmed.ncbi.nlm.nih.gov/22482077/

- 3. Meena H, Pandey HK, Arya MC, Ahmed Z. Shilajit : A panacea for high-altitude problems. International Journal of Ayurveda Research [Internet]. 2010 [cité le 2022 mars 23];1(1):37. Disponible à l'adresse : https://pubmed.ncbi.nlm.nih.gov/20532096/

- 4. Shilajit in management of iron deficiency anaemia [Internet]. [cité le 2022 mars 23]. Disponible à l'adresse : https://www.researchgate.net/publication/288266508_Shilajit_in_management_of_iron_deficiency_anaemia

- 5. Keller JL, Housh TJ, Hill EC, Smith CM, Schmidt RJ, Johnson GO. The effects of Shilajit supplementation on fatigue-induced decreases in muscular strength and serum hydroxyproline levels. Journal of the International Society of Sports Nutrition [Internet]. 2019 Feb 6 [cité 2022 Mar 23];16(1). Disponible à l'adresse : https://pubmed.ncbi.nlm.nih.gov/30728074/

- 6. Joukar S, Najafipour H, Dabiri S, Sheibani M, Sharokhi N. Cardioprotective Effect of Mumie (Shilajit) on Experimentally Induced Myocardial Injury. Cardiovascular Toxicology 2014 14:3 [Internet]. 2014 Jan 22 [cité 2022 Mar 23];14(3):214-21.

- 7. Ghasemkhani N, Tabrizi AS, Namazi F, Nazifi S. Treatment effects of Shilajit on aspirin "induced gastric lesions in rats. Physiological Reports [Internet]. 2021 Apr 1 [cité 2022 Mar 23];9(7). Disponible à l'adresse : https://pubmed.ncbi.nlm.nih.gov/33818003/

- 8. Shilajit, un médicament unique de l'ayurvéda [Internet]. [cité le 2022 mars 23]. Disponible à l'adresse : https://www.researchgate.net/publication/276831443_SHILAJIT_AN_UNIQUE_DRUG_OF_AYURVEDA

- Ghosal S. Delivery system for pharmaceutical, nutritional and cosmetic ingredient. Brevet américain n° 6558712, 2003.
- 30. B. Maccioni R, Quiñones L, Saavedra I, Sandoval R. Composition nutraceutique comprenant un extrait de *shilajit*, de l'acide folique, de la vitamine B12 et de la vitamine B6 et son utilisation pour prévenir et/ou traiter les maladies neurodégénératives et/ou la détérioration cognitive associée au vieillissement cérébral. WO 2011/041920. PCT/CL2010/000043 14 avril. 2011.
- 31. Saper RB, Phillips RS, Sehgal A, et al. Lead, mercury, and arsenic in US- and Indian-manufactured Ayurvedic medicines sold via the internet. *Journal of the American Medical Association.* 2008;300(8):915-923.
- 32. Kales SN, Saper RB. Ayurvedic lead poisoning : an under-recognized, international problem. *Indian Journal of Medical Sciences.* 2009;63(9):379-381.
- 33. Singh S, Mukherjee KK, Gill KD, Flora SJS. Lead-induced peripheral neuropathy following ayurvedic medication. *Indian Journal of Medical Sciences.* 2009;63(9):408-410.

- Kamboj, V. P. (2000). Herbal medicine. *Current Science, 78*, 35-39.

- Agarwal, S. P., Khanna, R., Karmarkar, R., AnwerMd, Kh, & KharR, K. (2007). Shilajit : A review. *Phytotherapy Research, 21*, 401-405.

- Wilson, E., Rajamanickam, G. V., Dubey, G. P., Klose, P., Musial, F., SahaF, J., et al. (2011). Review on shilajit used in traditional Indian medicine (Revue sur le shilajit utilisé dans la médecine traditionnelle indienne). *Journal of Ethnopharmacology, 136*, 1-9.

- Schepetkin, I., Khlebnikov, A. et Kwon, B. S. (2002). Médicaments issus de l'humus : Focus on mumie. *Drug Development Research, 57*, 140-159.

- Srivastava, R. S., Kumar, Y., Singh, S. K. et Ghosal, S. (1988). Shilajit, its source and active principles. In *Proceedings of the 16th IUPAC (Chemistry of natural products).* Kyoto, Japon, pp. 524.

- Surapaneni, D. K., Adapa, S. R., Preeti, K., Teja, G. R., Veeraragavan, M. et Krishnamurthy, S. (2012). Shilajit atténue les symptômes comportementaux du syndrome de fatigue chronique en modulant l'axe hypothalamo-hypophyso-surrénalien et la bioénergétique mitochondriale chez les rats. *Journal of Ethnopharmacology, 143*, 91-99.

- Garedew, A., Feist, M., Schmolz, E. et Lamprecht, I. (2004). Thermal analysis of mumiyo, the legendary folk remedy from the Himalaya region. *Thermochimica Acta,417*(2), 301-309.

- Saqib, M., Kausar, S. et Akhtar, S. (2012). *Effet du Shilajit sur le profil lipidique des rats albinos hyperlipidémiques et comparaison avec la simvastatine.* http://pjmhsonline.com/AprJune2012. Consulté le 12 juin 2013.

- Trivedi, N. A., Mazumdar, B., Bhatt, J. D. et Hemavathi, K. G. (2004). Effet du shilajit sur la glycémie et le profil lipidique chez les rats diabétiques induits par l'alloxan. *Indian Journal Pharmacology, 36*, 373-376.

- Gaikwad, N. S., Panat, A. V., Deshpande, M. S., Ramya, K., Khalid, P. U. et Augustine, P. (2012). Effet du shilajit sur le cœur de la daphnie : A preliminary study. *Journal of Ayurveda and Integrative Medicine, 3*(1), 3-5.

- Frolova, L. N., Kiseleva, T. L., Kolkhir, V. K., Baginskaya, A. I. et Trumpe, T. E. (1998). Antitoxic properties of standard dry mumijo extract. *Pharmaceutical Chemistry Journal,32*(4), 26-28.

- Velmurugan, C., Vivek, B., Wilson, E., Bharathi, T. et Sundaram, T. (2012). Évaluation du profil de sécurité du shilajit noir après 91 jours d'administration répétée chez le rat. *Asian Pacific Journal of Tropical Biomedicine, 2*(3), 210-214.

- Vivek, B., Wilson, E., Nithya Devi, S. V., Velmurugan, C. et Kannan, M. (2011). Activité cardioprotectrice du shilajit dans l'infarctus du myocarde induit par l'isoprotérénol chez les rats : Une évaluation biochimique et histopathologique. *International Journal Research Photochemistry Pharmacology, 1*(1), 28-32.

- Rajadurai, M. et Stanely, M. P. (2007). Effet préventif de la naringine sur les marqueurs cardiaques, les schémas électrocardiographiques et les hydrolases lysosomales dans l'infarctus du myocarde normal et induit par l'isoprotérénol chez les rats Wistar. *Toxicology, 230*, 178-188.

- Joukar, S., Bashiri, H., Dabiri, S., Ghotbi, P., Sarveazad, A., Divsalar, K., et al. (2012). Cardiovascular effects of black tea and nicotine alone or in combination against experimental induced heart injury. *Journal of Physiology and Biochemistry, 68*(2), 271-279.

- Joukar, S., Ghasemipour-Afshar, E., Sheibani, M., Naghsh, N. et Bashiri, A. (2013). Effets protecteurs du safran (*Crocus sativus*) contre les arythmies ventriculaires létales induites par la reperfusion cardiaque chez le rat : A potential anti-arrhythmic agent. *Pharmaceutical Biology, 51*(7), 836-843.

- Joukar, S., Najafipour, H., Mirzaeipour, F., Nasri, H., Ahmadi, M. Y. H., & Badinloo, M. (2013). Effet modulateur du semelil (angipars™) sur les lésions cardiaques induites par l'isoprotérénol. *Journal des sciences expérimentales et cliniques, 12*, 122-129.

- Lowry, O. H., Rosebrough, N. J., Farr, A. L. et Randall, R. J. (1951). Protein estimation with the folin-phenol reagent. *The Journal of biological chemistry, 193*, 265-275.

- Ohkawa, H., Ohishi, N. et Yagi, K. (1979). Assay of lipid peroxidation in animal tissues by thiobarbituric acid reaction (dosage de la peroxydation des lipides dans les tissus animaux par la réaction de l'acide thiobarbiturique). *Analytical Biochemistry, 95*, 351-358.

- Joukar, S., Shahouzehi, B., Najafipour, H., Gholamhoseinian, A. et Joukar, F. (2012). Effet d'amélioration du thé noir sur la pathogenèse cardiovasculaire induite par la nicotine chez le rat. *Experimental and Clinical Sciences Journal, 11*, 309-317.

- O'Brien, P. J., Landt, Y. et Ladenson, J. H. (1997). Réactivité différentielle des muscles cardiaques et squelettiques de diverses espèces dans un dosage immunologique de la troponine I cardiaque. *Clinical Chemistry, 43*(12), 2333-2338.

- York, M., Scudamore, C., Brady, S., Chen, C., Wilson, S., Curtis, M., et al. (2007). Characterization of troponin responses in isoproterenol-induced cardiac injury in the Hanover Wistar rat. *Toxicologic Pathology, 35*, 606-617.

- Rona, G., Chappel, C. I., Balazs, T. et Gaudry, R. (1959). An infarct-like myocardial lesion and other toxic manifestations produced by isoproterenol in the rat (Lésion myocardique de type infarctus et autres manifestations toxiques produites par l'isoprotérénol chez le rat). *Archives of Pathology and Laboratory Medicine, 67*, 443-455.

- Joukar, S., Sheibani, M. et Joukar, F. (2012). Effet cardiovasculaire de la nifédipine chez les rats dépendants de la morphine : Hemodynamic, histopathological, and biochemical evidence. *Croatian Medical Journal, 53*(4), 343-349.

- Joukar, S., Najafipour, H., Dabiri, S., Sheibani, V., Esmaeili-Mahani, S., Ghotbi, P., et al. (2011). L'effet de la coadministration chronique de morphine et de vérapamil sur les lésions cardiaques induites par l'isoprotérénol. *Cardiovascular and Hematological Agents in Medicinal Chemistry, 9*, 218-224.

- Guyton, A. C., & Hall, J. E. (2011). *Manuel de physiologie médicale* (12e éd., p. 247). Pennsylvanie : Saunders.

- Dash, B. (1991). *Materia medica of ayurveda*. New Delhi : B Jain Publishers.

- Acharya SB, Fortan MH, Goel RK, Tripathi SK et Das PK. (1988). Pharmacological Actions of Shilajit. Indian Journal of Experimental Biology, 26 : 775- 777.
- Agarwal SP, Khanna R,Karmarkar,Anwer MK,Khar RK. (2007). Shilajit : A Review. Phytother Res, 21(5):401-405.
- Alberto Cornejo, José M. Jiménez, Leonardo Caballero, Francisco Melo, Ricardo B. Maccioni (2011) Fulvic Acid Inhibits Aggregation and Promotes Disassembly of Tau Fibrils Associated with Alzheimer's Disease Journal of Alzheimer's Disease 27:143-153. DOI 10.3233/JAD-2011- 110623.
- Betoni, JEC, Mantovani RPP, Barbosa LN, Di Stasi LC, Fernandes Junior A. (2006). Synergie entre les extraits de plantes et les médicaments antimicrobiens utilisés dans les maladies à Staphylococcus aureus. Mem. Inst. Oswaldo Cruz, 101 : 387-390.
- Chopra, RN, Chopra I C, Handa K L & Kapur L D. (1958). Chopra's Indigenous Drug of India. 2e ED. B.K. Dhur of Academic Publishers, Calcutta, Inde.

- Mittal P.Kaushik D. Gupta V. Bansal P, Khokra S. (2009). Therapeutic Potential of "Shilajit Rasayana" A Review, International Journal of Pharmaceutical and Clinical Research ; 1(2) : 47-49.
- Mukherjee, Biswapati. (1992). Traditional medicine, proceeding of an International Seminar. pp. 398-
- 319. Hôtel Taj Bengal, Calcutta, Inde. Oxford & IBH Publishing, New Delhi.
- Paul P. (1997). Unearthing the evidence. Chemistry in Britain, pp.32-34.
- Ghosal S. (1990). Chemistry of shilajit, an immunomodulatory Ayurvedic rasayan :, Pur and Applied Chemistry, 62(7):1285-1288.
- Sharma RK, Dash B, Sambita TC. (2000). Chowkhamba Sanskrit Series Office, Varanasi-1,. Vol III Chap 1:3 pg 50-54. Varanasi, Inde.
- Srivastava SR. (2009). Antifungal activity screening and HPLC analysis of crude extract from Tectona grandis, Shilajit, Valeriana wallachi, Electrical Journal of Environment, Agricultural and food Chemistry, 8(4) : 218-229.
- Tritha, Swami Sada Shiva. (1998). L'encyclopédie ayurvédique. Ayurveda Holistic Centre Press. Bayville, NY.

Printed by Books on Demand GmbH, Norderstedt / Germany